Bildnachweis:

Wolfgang Bittmann: Seite 7, 11, 15, 19, 27, 31, 39, 43, Titel
Markus Zweigle: Seite 23, 35

Die Deutsche Bibliothek – CIP Einheitsaufnahme

Traumzeiterzählungen der Aborigines
Gütersloh : Kiefel 2000
(Gedanken der Weisheit)
ISBN 3-579-05642-5

ISBN 3-579-05642-5

Gestaltung: Beate Nottbrock, Gütersloh
Satz: Fotosetzerei Steggemann, Herford
Reproduktion: Peter Karau, Bochum
Druck und Bindung: Proost, Turnhout (Belgien)

Gedanken der Weisheit

Traumzeiterzählungen der Aborigines

Herausgegeben und übersetzt von

Maria Zoller

kiefel

Zum Geleit

Die Traumzeit, also jene Zeit, in der sich die folgenden Geschichten zugetragen haben, ist für die Aborigines die Phase, in der die Welt entstanden ist. So sind die Traumzeiterzählungen Schöpfungsgeschichten, die von der Entstehung der Tiere, der Menschen und ihrer Umwelt berichten.
Geschaffen wurde die Welt in der Vorstellung der Aborigines von geheimnisvollen Mächten, sie bezeichnen diese als ihre »schöpferischen Ahnen«. Die Ahnen bewegten sich vor etwa hundertfünfzigtausend Jahren über die kalte und unwirtliche Erde und lebten dort wie menschliche Wesen.
Manche Traumzeitsequenzen endeten so unerklärlich wie sie begonnen hatten, während andere bis zum heutigen Tag bestehen. Die mythischen Schöpfer verwandelten sich daraufhin, einige wurden zu Landschaften und Bäumen, andere begaben sich in den Himmel, um Sonne, Mond und Sterne zu formen, und wieder andere wurden zu Wind, Regen, Blitz und Donner. So entstand in der Vorstellung der Aborigines die Welt.
Die Ahnen schufen jedoch nicht nur die Umwelt, sie überlieferten auch Gesetze für menschliches Verhalten und den Umgang der Menschen miteinander, wie z. B. Heiratsregeln, Initiationsriten und Todeszeremonien.
Die Traumzeiterzählungen, in denen all diese Vorstellungen und das Wissen der Aborigines gesammelt sind, werden von einer Generation zur nächsten als Geschichten, Lieder und Zeichnungen weitergegeben. Einige der Geschichten sind geheim und nur bestimmten eingeweihten Männern und Frauen vorbehalten. Andere Erzählungen jedoch, vor allem die Geschichten von der Entstehung der Welt, dürfen in jedem Stamm erzählt werden. Von diesen »offenen« Geschichten, wie die Aborigines sie nennen, soll in diesem Buch nun die Rede sein.

Wira miru - Der Mondmann

In der Traumzeit lebten ein alter Mann und sein junger Neffe.
Im Laufe der Jahre lehrte der alte Mann seinem Neffen die traditionelle Lebensweise der Aborigines.

»Du mußt immer dein Essen mit anderen Menschen teilen, denn Teilen ist eine der wichtigsten Regeln unserer Leute«, sprach der Alte.
Da er nicht nur sehr weise, sondern auch ein geschickter Jäger war, wollte er seinem Neffen einige wichtige Regeln beibringen:
»Wenn du ein guter Jäger sein willst, mußt du lernen, die verschiedenen Tierspuren zu deuten.«
Der Neffe gab vor, interessiert zuzuhören, in Wirklichkeit aber dachte er an einen vergnüglichen Nachmittag beim großen Wasserloch.
Eines Tages begab sich der alte Mann auf die Jagd.
Er ging ein ausgetrocknetes Flußbett entlang bis hin zu

jenen schattenspendenden Eukalyptusbäumen, wo sich die Känguruhs von der heißen Sommersonne erholen. Als er ihre Nähe spührte, kauerte er sich zusammen und näherte sich den Tieren in känguruhgleichen Bewegungen.

Bevor diese eine Möglichkeit zur Flucht gehabt hätten, zielte der alte Mann mit seinem Speer und erlegte ein Tier. Nachdem er den Speer entfernt hatte, legte er das Känguruh über seine Schulter und legte den weiten Weg zum Lager zurück.

Dort angekommen entfachte er ein Feuer und legte das Känguruh zum Garen in die heiße Asche.

Da den Alten die Jagd ermüdet hatte, sagte er zu sich: »Ich werde mich ein wenig ausruhen, während das Känguruh gart.«

Und so legte er sich unter einen schattigen Baum und schlief bald tief und fest.

Sein fauler Neffe hatte all dies beobachtet.

Schon bald stieg ihm der Duft des gekochten Fleisches in die Nase. Und da er das ganze Känguruh für sich haben wollte, kroch er leise, um den alten Mann ja nicht zu wecken, zum Feuer.

Er legte sich das Känguruh über die Schulter, bestieg vorsichtig einen nahegelegenen Baum, und begann gierig zu essen.

Als der alte Mann aufwachte und in der Asche nach seiner Beute suchte, war er sehr verwundert, nichts mehr vorzufinden.

Der Neffe hoch oben am Baum brach in lautes Gelächter aus.

»Komm herunter«, sprach der alte Mann, »und teile das Känguruh mit mir.«

Aber der Junge wollte nichts davon wissen und aß unbeirrt weiter.

Das verletzte den alten Mann sehr, zeigte das Verhalten seines Neffen doch keinen Respekt den Ältesten gegenüber.

Da er aber ein sehr gütiger Mann war, dachte er:

»Ich werde ihm vergeben und mich noch einmal auf die Jagd machen.«

Nach kurzer Suche erlegte er ein Känguruh, das er wieder zurück ins Camp brachte.

Aber wie schon vorher versteckte sich der Neffe, während der alte Mann das Feuer vorbereitete, das Känguruh hineinlegte und sich selbst zur Ruhe legte.

Und wieder nahm er das gekochte Tier hoch hinauf auf den Baum und begann es alleine zu essen.

Als ihn der alte Mann bat, das Fleisch mit ihm zu teilen, lachte ihn der Neffe nur aus.

Traurig begab sich der Mann ein weiteres Mal auf die Jagd.

Als der Neffe auch sein drittes Känguruh stahl, war der alte Mann sehr wütend, und er beschloß seinen Neffen zu bestrafen.

»Wenn du nicht herunterkommst und das Fleisch mit mir teilst, fälle ich den Baum und du mußt oben am Himmel bleiben.«

Abermals lachte der Neffe, der vom vielen Fleisch rund und fett geworden war, den alten Mann nur aus. Und so ließ der alte Mann den Baum höher und höher wachsen, schnitt ihn dann um, und ließ seinen runden fetten Neffen am Himmel.

»So, jetzt mußt du für immer in der Gestalt des Mondes am Himmel bleiben, und dein Licht mit der Welt teilen«, sagte der Alte.

(Nördliche Flinders Ranges,
erzählt von Terry Coulthard)

Aus den Träumen der Zeit

Die Sprache, die wir sprechen,
läßt uns wissen, wer wir sind.
Sie verbindet uns mit unserer
Vergangenheit und unseren Ältesten,
zurück bis in die Traumzeit.
Sie verbindet uns mit unserem
Land und macht uns stolz und stark.

(Adelaide,
erzählt von John)

Arrawatanha – Der alte Mann

Einst lebte ein alter Mann, der der Führer seines Volkes war. Er war stets sehr bemüht, das Beste für die Menschen zu tun, und deshalb war er auch von allen geliebt und geachtet.

Eines Tages sprach der alte Mann zu seinem Stamm: »Meine Zeit auf dieser Welt geht zu Ende. Wenn ich sterbe, möchte ich, daß jeder von meinen Organen ißt. Am wichtigsten aber ist es, daß alle von meiner Zunge essen.«

Seine Familie war entsetzt über seinen Wunsch. Nachdem er ein so geliebter und geachteter Führer war, schien es seinen Freunden undenkbar, seinen Körper zu essen.

Aber der alte Mann wollte nicht eher ruhen, bis ihm alle das Versprechen gaben, seinem Wunsch nachzukommen.

Eines Morgens, als seine Seele in eine andere Welt ging, versammelten die Ältesten die ganze Gemeinschaft um die sterblichen Reste seines Körpers.

Und wie ihnen befohlen, aßen alle von des alten Mannes Organen und seiner Zunge.

Groß war ihr Erstaunen, als sie in verschiedenen Sprachen miteinander zu sprechen begannen.
Nachdem sie nicht mehr miteinander kommunizieren konnten, trennte sich die Gemeinschaft, und ging getrennter Wege.
In kleineren Gruppen siedelten sich verschiedene Stämme überall in Australien an, weitere in anderen Teilen der Welt.
Und so kommt es auch, daß alles Leben seinen Ursprung in Australien bei den Aborigines hat.

(Nördliche Flinders Ranges,
erzählt von Terry Coulthard)

Unsere Ahnen

Der Sohn der Sonnenfrau
ist der Morgenstern,
und die Mondfrau
ist seine Gattin.
Die Kinder von
Mondfrau und Morgenstern
waren die Ahnen
der heutigen Aborigines.

(Adelaide,
erzählt von John)

Adambara und Artapudapuda

Die Spinne Adambara und die Raupe Artapudapuda saßen eines Tages beisammen und unterhielten sich über den Tod. Sie sprachen darüber, was mit den Menschen geschehen sollte, wenn sie so krank wurden, daß sie starben.
Da sie beide verschiedener Meinung waren, ging jeder seiner Wege, um darüber nachzudenken.
Als sie sich wieder trafen, verkündete Artapudapuda seine Entscheidung: »Wenn ein Mitglied des Stammes stirbt, soll sein Körper verfaulen, sein Geist aber soll sich nach drei Tagen erheben.«
Adambara aber hatte andere Vorstellungen:
»Der tote Körper soll in ein Netz mit einem Ausgang gewickelt werden, der aber vorerst verschlossen bleiben muß. Nach drei Tagen, in denen ein Heilungsprozeß stattfindet, kommt der Mensch wieder hervor, wie ein Schmetterling aus der Puppe.«
Das Gespräch der beiden entwickelte sich bald zu einem Streit, aus dem Artapudapuda als Sieger hervorging.
Als dieser nach einigen Tagen seine Verwandten besuchen

wollte, sie aber nicht mehr antraf, da sie gestorben waren, war er sehr traurig.
Er schämte sich für die Entscheidung, die er im Streit mit Adambara getroffen hatte und versteckte sich unter der Rinde des Widu-Baumes.
Adambara aber hatte keinen Grund sich zu verstecken, er wollte nur das Beste für seine Stammesmitglieder.
Deshalb findet man Artapudapuda auch heute noch versteckt unter der Rinde des Widu-Baumes, während Adambara sich an Orten aufhält, wo er gut sichtbar ist.

(Nörliche Flinders Ranges,
erzählt von Clarence Coulthard)

Das erste Feuer

Vor langer Zeit lebten Menschen in der Himmelswelt. Sie errichteten ihr Camp in der Nähe der zwei hellsten Sterne, an denen sie ihre Feuerstöcke entzünden konnten.
Diese Menschen waren die einzigen, die wußten, wie man Feuer macht, die Menschen auf der Erde kannten diesen Zauber nicht.
Aber auch in der Himmelswelt war nicht alles perfekt.
Es kam eine Zeit, in der die Menschen hungern mußten.
Und so entschlossen sich zwei mutige Männer auf die Erde hinunterzukommen, um Possums zu jagen und Beeren und Nüsse zu sammeln.
Die zwei Brüder nahmen auch ihre Feuerstöcke auf die große Reise mit.
Während sie sich auf die Jagd machten, ließen sie die Stöcke an einem schattigen Ort zurück. Aber die Jagd nach Possums dauerte lange, und die Feuerstöcke fingen an, sich zu langweilen. Und so begannen sie herumzurennen und Fangen zu spielen.

Wo immer sie aber in Berührung mit trockenem Gras kamen, fing es sofort an zu brennen.
In kürzester Zeit entstand ein großes Feuer.
Die zwei Himmelsbrüder sahen den Rauch und brachen sofort die Jagd ab, um zurückzukehren und das Feuer auszumachen.
Auch Aborigines, die in der Gegend lebten, sahen den Rauch und kamen, um das mysteriöse Schauspiel zu sehen. Da sie noch nie Feuer gesehen hatten, fürchteten sie sich.
Bald erkannten sie aber, daß sie die angenehme Wärme, die von diesem Feuer ausging für sich nutzen konnten.
Bevor Kanbi und Jitabidi das Feuer löschen konnten, hatten einige der Aborigines-Männer schon Feuerstöcke für sich entzündet und trugen sie vorsichtig in ihr Camp zurück.
Kanbi und Jitabidi nahmen ihre verspielten Feuerstöcke und begaben sich schnell zu ihrem Himmelscamp; sie fürchteten sich vor der Strafe der Menschen für dieses

große Feuer. Aber die Menschen auf der Erde hegten keinen Groll.

Sie waren dankbar für das wundervolle Geschenk, das sie vom Himmel empfangen hatten.

(Nordküste New South Wales,
erzählt von Bill)

Schöpferische Ahnen

Wir sind nicht erst
seit sechzigtausend Jahren hier,
wie die Weißen behaupten.
Wir stammen von unseren
»schöpferischen Ahnen« ab,
die in der Traumzeit umherzogen.
Seit dieser Zeit leben wir
in diesem Land
und haben es so erhalten,
wie es uns gegeben wurde.

(Tennant Creek, erzählt von
einer Warumungu Frau)

Awi irta – Das Rotkehlchenpaar

Nach einem langen, anstrengenden Tag machte ein Rotkehlchen mit seinem Mann Halt, um einen Windschutz für die Nacht zu bauen.

Müde machte sich die Frau daran, mit Ästen und Blättern den Schutz zu errichten. Ihr Mann aber machte sich auf, um Mistelbeeren zu essen.

»Komm her, alter Mann«, rief die Frau, »Komm her und hilf mir.«

»Gleich, laß mich zuerst noch diese Beeren essen«, erwiderte ihr Mann.

Und so sammelte sie weiter, trug Zweige zusammen, um den Windschutz fertigzustellen, denn ihr Kind fror.

»Komm her, alter Mann«, rief die Frau, »komm her und hilf mir.«

»Ich wünschte sie wäre nicht so lästig«, dachte der Mann bei sich.

Mittlerweile zogen dunkle Wolken über den Bergkamm.

Die Frau bemerkte dies und beeilte sich noch mehr, um noch vor dem Regen fertig zu werden.

»Komm jetzt endlich alter Mann«, rief sie, »hilf mir, denn es fängt gleich an zu regnen.«
»Jetzt laß mich in Ruhe, ich sagte dir doch, daß ich noch von den Mistelbeeren essen will.« erwiderte zornig ihr Mann. Es dauerte nicht lange, und die ersten Tropfen fielen vom Himmel. Sie durchnäßten den halbfertigen Windschutz, die wenigen Habseligkeiten der beiden und auch ihr Kind, das bitterlich zu weinen anfing. Die Geduld der Frau war damit zu Ende, und sie wollte ihren Mann für seine Selbstsüchtigkeit bestrafen.
Sie nahm einen Wadi, einen dicken Ast, und schlug ihrem Mann damit über den Kopf. Blut tropfte von seinem Kopf über Hals und Brust und färbte seine Brust rot.
Deshalb erkennt man auch heute noch den Rotkehlchenmann an seiner roten Brust und erinnert vor allem die Männer daran, auf ihre Frauen zu hören und ihnen beizustehen.

(Nördliche Flinders Ranges,
erzählt vonTerry Coulthard)

Wie die Sonne entstand

In der frühen Traumzeit schien die Sonne noch nicht.
Zu dieser Zeit verließ eine junge Frau ihren Stamm, weil ihr die Ältesten nicht erlaubten den Mann zu heiraten, den sie liebte.
Sie wanderte weit, bis sie eine trockene, steinige Gegend erreichte. Obwohl sie wenig Wasser und Nahrung vorfand, blieb sie an jenem Ort.
Müde und durstig ließ sie sich nieder.
Bald darauf sah sie in der Ferne die Männer ihres Stammes näherkommen, um sie zurückzuholen.
Und so rannte sie noch weiter hinein in ein Land, das immer trockener wurde.
Langsam ging ihre Kraft zu Ende.
Und da ihre Ahnen Mitleid mit ihr empfanden, hoben sie sie sanft hinauf an einen sicheren, ruhigen Ort in der Himmelswelt.
Nachdem sie lange geschlafen hatte, sah sie sich um und fand Nahrung und Wasser in Hülle und Fülle.
Obwohl sie ganz allein war, fühlte sie sich sicher und zufrieden.

Zuerst hegte sie noch Groll gegen ihr Volk. Als sie aber hinunterblickte und bemerkte, wie unglücklich die Männer und Frauen über ihr Verschwinden waren, begann sich ihr Herz zu erweichen.

Sie wäre nun gern auf die Erde zurückgekehrt, aber sie bemerkte, daß ihr Platz nun in der Himmelswelt war.

»Was soll ich nur machen?«, fragte sie sich, »ich kann nicht zurück, aber ich möchte meinem Volk so gerne helfen.«

Und bald fand sie heraus, wie sie den Zurückgebliebenen helfen könnte. Ihr Volk mußte frieren. Beschäftigt mit der täglichen Nahrungssuche, blieb keine Zeit, sich wärmend ans Feuer zu setzen.

»Ich werde ihnen ein Feuer bauen. Es soll so groß sein, daß es die Menschen auf der Erde wärmen kann«, entschied sie.

Von nun an schenkte sie ihrem Volk jeden Tag die Wärme des Feuers, während sie es am Abend ausgehen ließ, da die

Menschen ihre eigenen Campfeuer entfachten.
Schon bald hielt ihr Stamm jeden Tag Ausschau nach dem großen Feuer, das sie Sonne nannten.
Sie vergaßen nie, für dieses großartige Geschenk zu danken.

(Victoria,
erzählt von Eileen)

Djikaias Wasser

Djikaias Wasser sind kühl und tief.
Wenn der Wirbelwind darüberfegt,
steigen die »Geist-Kinder« empor.
Wenn ihr Traumpfad sich
mit dem Schicksal
ausgewählter Mütter kreuzt,
werden sie wiedergeboren.

(Northern Territory,
erzählt von Napanangka)

Oolana und Dyga

Oolana, eine schöne Frau des Yidinji-Stammes, wurde einst einem weisen Stammesältesten als Gemahlin versprochen.
Sie aber verliebte sich in Dyga, der mit seinem Stamm am Camp vorbeizog.
Die beiden trafen sich fortan heimlich. Da sie aber keine Möglichkeit sahen gemeinsam zu leben, beschlossen sie zu fliehen.
Aber es waren ihnen nur einige glückliche Tage am Fuße des Mount Bartle Frere vergönnt. Männer von beiden Stämmen hatten sich auf die Suche gemacht, um Oolana und Dyga zu bestrafen. Und so wurde Dyga für immer verbannt.
In ihrer Verzweiflung warf sich Oolana in ein großes Wasserloch.
Sie weinte bitterlich um ihren verlorenen Liebsten, und auch das Land zitterte und bebte mit ihr. Riesige Wassermassen wälzten sich über das Land, Felsbrocken wurden in die Luft geschmissen, und Oolana verschwand inmitten.

Das Wasserloch und die großen Gesteinsbrocken, die seit dieser Zeit unverändert sind, erinnern an diese traurige Zeit.
Oolana sucht auch heute noch nach ihrem Liebsten – daher müssen sich Vorbeiziehende auch in acht nehmen und nicht zu nahe an ihr Wasserloch treten.

(North Queensland,
erzählt von Rodney)

Geschenk der Traumzeit

Die Yamsamen hat uns
der Regenmann gegeben.
Bald wachsen sie überall
um uns herum,
sie werden kräftig sein.
Sie sind ein Geschenk der Traumzeit.
Wenn wir Tag für Tag nach den Wurzeln graben,
vergessen wir nicht,
dafür zu danken.
Hunderte von Füßen stampfen,
der Staub erhebt sich,
Bumerangs klopfen aufeinander,
während wir unseren Dank
hinausschreien
in die Nacht.

(Tennant Creek, erzählt von Grant)

Das gierige Mädchen

Es lebte einst ein Mädchen mit ihrem Vater und ihrer Mutter.

Jeden Morgen gingen die drei zum Jagen und um Beeren und Früchte zu sammeln.

Das Mädchen war mit ihrer Mutter; sie sammelten Honigameisen und Termiteneier.

Der Vater ging weiter und sammelte wilden Honig.

Als die Mutter ihre Schale voll hatte, sagte sie zum Mädchen: »Geh zu deinem Vater und bring ihm von den Termiteneiern.«

Das Mädchen aber machte sich auf den Weg und aß alles alleine auf.

Jedes Mal wenn ihre Mutter sie schickte, um ihrem Vater Essen zu bringen, kam sie nie dort an.

Eines Tages fragte der Vater: »Frau, warum teilst du nie dein Essen mit mir, ich gebe dir immer von meinem?«

Sie war sehr verwundert und antwortete: »Ich gab unserem Mädchen jeden Tag von den Termiteneiern und den Honigameisen, um sie dir zu bringen.«

Als sie erkannten, wie gierig und selbstsüchtig ihr Kind war, beschlossen sie, es zu verlassen.
Eines Morgens, es war noch sehr früh, gingen sie einfach weg.
Als das Mädchen aufwachte, rief es nach seiner Mutter und seinem Vater. Sie fürchtete sich und rannte, um sie zu suchen.
Unter einem großen Baum rannte sie aber in einen Geist, und der aß sie dann auf.

(Tennant Creek, erzählt von
Bonny und Anni Naparulla)

Unser Weg

Unsere traditionellen Lieder singen wir
Tag und Nacht.
In einfachen Worten
legen wir den Weg fest –
den Weg, den unsere Kinder gehen werden.
Unsere Kinder werden
es ihren Kindern erzählen,
ja, so wird sich unser Weg fortsetzen.

(Alice Springs,
erzählt von Doris)

Nachwort:

Mein Wunsch, das Kulturgut der Aborigines aufzuzeichnen, entstand, als ich mich auf der Suche nach ursprünglichen Erzählungen mit den Traditionen verschiedener Naturvölker beschäftigte. Meine viermonatige Reise führte mich schließlich zu verschiedenen Stämmen der Aborigines, wie den Adnyamathanha, Pitjantjatjara, Waramungu und Pintubi.
Die Adnyamathanha nahmen mich mit hinaus in »ihr Land«, in dem sie seit Anbeginn der Zeit gelebt haben.
Während dieser Wanderungen gingen wir auf Känguruhjagd, bereiteten traditionelles Essen zu und kochten es eingewickelt in Blättern in der heißen Asche des Feuers. Sie zeigten mir ihre Heilpflanzen, Früchte und Beeren und ließen mich so an ihrem Leben teilhaben.
Die wichtigste Erfahrung war dabei für mich die Tatsache, daß alle Traumzeitstätten – die heiligen Orte der Aborigines – untrennbar mit ihrem Land verbunden sind. Traumzeitstätten können Höhlen, Hügel, Felsformationen und Flußläufe sein. Alle haben ihren Ursprung im Djugurba, in der Traumzeit, und werden mit großem Respekt behandelt. Die Ahnen, wie etwa Adler, Känguruh und Schlange, sind in den verschiedenen Landschaftsformen für die Aborigines wiedererkennbar und so für immer präsent. Damit bleibt auch der tiefe Sinn, den jede Traumzeiterzählung beinhaltet, allgegenwärtig.
Während manche Geschichten »nur« die Entstehung von Mond und Sonne erklären, so beinhalten doch die meisten »das Gesetz« (siehe

Vorwort) und Sanktionen für jene, die es übertreten. Die Strafen (oft Verbannung, Tod), die Gesetzesbrechern drohen, mögen uns grausam erscheinen, waren aber im Leben der Aborigines, wo sich jeder auf jeden verlassen mußte, unbedingt notwendig. Bei vielen Aborigines haben Traumzeiterzählungen nach wie vor einen hohen Stellenwert. Sie werden immer wieder am Campfeuer erzählt und so ins tägliche Leben miteinbezogen. Trotzdem klagen ältere Menschen, daß die Jugendlichen, bedingt durch den Kontakt mit Weißen, nur noch wenig Interesse an ihrer eigenen Kultur zeigen.
So bleibt der Wunsch, diese großartige Kultur zu erhalten, wie es auch ein alter Wurumungu-Mann ausdrückt:
»Bei unseren Zeremonien ist unser Körper bedeckt mit Zeichen, die das »dreaming« uns gegeben hat. Indem wir Dreaming-Zeichen tragen, erhalten wir unsere Kultur. Und das ist auch das wichtigste: Wir müssen unser Gesetz, unser Land, unsere Dreamings und unsere Angehörigen am Leben erhalten, das wünsche ich mir.«

Danken möchte ich an dieser Stelle folgenden Institutionen und Firmen, die meine Reise möglich gemacht haben:
Raiffaisenkasse Silz, Coco Tours Innsbruck, Bundesministerium für Kunst und Britz Australia.
Vor allem aber danke ich in tiefer Verbundenheit meinen Freunden bei den Aborigines, die ihr Leben und ihre Geschichten so großzügig mit mir geteilt haben.

Maria Zoller

Vorwort) und Sanktionen für jene, die es übertreten. Die Strafen (oft Verbannung, Tod), die Gesetzesbrechern drohen, mögen uns grausam erscheinen, waren aber im Leben der Aborigines, wo sich jeder auf jeden verlassen mußte, unbedingt notwendig. Bei vielen Aborigines haben Traumzeiterzählungen nach wie vor einen hohen Stellenwert. Sie werden immer wieder am Campfeuer erzählt und so ins tägliche Leben miteinbezogen. Trotzdem klagen ältere Menschen, daß die Jugendlichen, bedingt durch den Kontakt mit Weißen, nur noch wenig Interesse an ihrer eigenen Kultur zeigen.
So bleibt der Wunsch, diese großartige Kultur zu erhalten, wie es auch ein alter Wurumungu-Mann ausdrückt:
»Bei unseren Zeremonien ist unser Körper bedeckt mit Zeichen, die das »dreaming« uns gegeben hat. Indem wir Dreaming-Zeichen tragen, erhalten wir unsere Kultur. Und das ist auch das wichtigste: Wir müssen unser Gesetz, unser Land, unsere Dreamings und unsere Angehörigen am Leben erhalten, das wünsche ich mir.«

Danken möchte ich an dieser Stelle folgenden Institutionen und Firmen, die meine Reise möglich gemacht haben:
Raiffaisenkasse Silz, Coco Tours Innsbruck, Bundesministerium für Kunst und Britz Australia.
Vor allem aber danke ich in tiefer Verbundenheit meinen Freunden bei den Aborigines, die ihr Leben und ihre Geschichten so großzügig mit mir geteilt haben.

Maria Zoller